«Eine amüsante Fußballnovelle, liebevoll illustriert» (Freundin)

«Ein echter Lesespaß!» (Hamburger Abendblatt)

Jan Weiler, 1967 in Düsseldorf geboren, arbeitete als Texter in der Werbebranche, absolvierte dann die Deutsche Journalistenschule in München und war viele Jahre Chefredakteur des Magazins der Süddeutschen Zeitung. Heute lebt er als Autor mit seiner Frau und zwei Kindern in der Nähe von München. Sein Debütroman «Maria, ihm schmeckt's nicht!» sowie die Fortsetzung «Antonio im Wunderland» sind Bestseller. Bei rororo sind bisher erschienen: «Antonio im Wunderland» (24263) und «In meinem kleinen Land» (62199).

Hans Traxler, 1929 in Nordböhmen geboren, lebt in Frankfurt a. M. Er war Gründungsmitglied der Satiremagazine «Pardon» und «Titanic». Später zeichnete er Cartoons und Bildergedichte für die Magazine der «Zeit», der «SZ» und der «FAZ». Er schrieb und zeichnete Kinderbücher und illustrierte u. a. Mark Twain, Goethe und Heinrich Heine. 2006 erhielt Traxler den Satirepreis «Göttinger Elch», 2007 den «Deutschen Karikaturenpreis», beide für sein Lebenswerk.

Jan Weiler · Hans Traxler

Gibt es einen
Fußballgott?

Rowohlt Taschenbuch Verlag

Veröffentlicht im Rowohlt Taschenbuch Verlag,
Reinbek bei Hamburg, Mai 2008
Copyright © 2006 by Rowohlt Verlag GmbH,
Reinbek bei Hamburg
Umschlaggestaltung any.way, Barbara Hanke/Cordula Schmidt
Umschlagillustration und Illustrationen im Innenteil Hans Traxler
Buchgestaltung Joachim Düster
Lithographie Schwab Scantechnik, Göttingen
Satz aus der Minion PostScript
KCS GmbH, Buchholz bei Hamburg
Druck und Bindung CPI – Clausen & Bosse, Leck
Printed in Germany
ISBN 978 3 499 24353 0

Für Tim

Die Fußballschuhe drückten gegen seine kleinen Zehen, der Spann schmerzte, die Ferse war gerötet, und unter seiner linken Fußsohle wölbte sich eine Blase, groß wie eine Euromünze. Adrian zog die Schuhe aus und warf sie auf den Boden. Trotz der Anstrengungen in diesem Spiel war es ihm nicht gelungen, seinen Trainer von sich zu überzeugen. Der hatte ihn in der 51. Minute ausgewechselt, kurz nach einem verheerenden Fehlpass, der seine Mannschaft auf die Verliererstraße brachte.

Dieses Spiel heute war nicht seins, genau wie die Spiele davor. Eigentlich war die ganze Saison nicht seine gewesen und die davor auch nicht. Adrian war kein guter Fußballer.

Er hatte mit zehn Jahren angefangen, sich von Saison zu Saison in der Mannschaft gehalten und war nie mehr gewesen als ein kleiner Läufer, ein Mittelläufer, ein Mitläufer. In den sechs Jahren seiner sportlichen Karriere im Verein der Vorstadt, in der er wohnte, hatte er im Ganzen vier Treffer erzielt. Zwei davon waren schwer abseitsverdächtig gewesen, einmal wurde er unglücklich von einem Gegner angeschossen, und nur der vierte Treffer hatte spielentscheidende Bedeutung. In einem Turnier trat er als Elfmeterschütze auf, weil alle anderen Spieler bereits geschossen hatten und sein Trainer ihn aufstellen musste. Immerhin traf er mitten ins Tor, wenn auch begünstigt durch den Umstand, dass der gegnerische Torwart die Ballfreigabe durch

Adrian war kein guter Fußballer

den Schiedsrichter nicht mitbekommen hatte und gerade einen Schluck aus seiner Flasche trank.

Jedenfalls war Adrian das, was man in Mannschaftskreisen eine Gurke nannte: leidliche Kondition, aber null Spielverständnis und eine geradezu lächerliche Ballbeherrschung.

Die Auswechslung machte ihm nicht viel aus, immerhin war sie erst in der zweiten Spielhälfte vollzogen worden, und das wertete Adrian als Erfolg. Außerdem gab sie ihm die Möglichkeit, vor sich hin zu träumen, ohne weitere katastrophale Fehlpässe zu fabrizieren. Wenn Adrian auf der Ersatzbank saß, hatte er einen Traum, einen immer wiederkehrenden Traum, eine Vision, die er mit niemandem teilte, aus Angst, dass sich seine Wunschträume nicht erfüllten, wenn er sie preisgab. Das war die größte Katastrophe, die er sich vorstellen konnte. Jemandem von seinem geheimsten Wunsch zu erzählen, auf dass dieser für den anderen und nicht für ihn in Erfüllung gehen würde. Erst die zweitgrößte Katastrophe war, dass man ihn für seinen Traum auslachen könnte. Der Wunsch sah so aus: Wenn es einen Gott gäbe, dann sollte der zu ihm, Adrian Pfeffer, herabsteigen und ihn zu einem begnadeten Fußballer machen.

Dafür würde er Gott lobpreisen und jeden Tag an ihn denken und machen, was immer Gott von ihm verlangte. Aber eben nur dann und nicht vorher. Vorschusslorbeeren für dieses göttliche Wunder hätten ihn im Falle einer Nichterfüllung seines Herzenswunsches völlig aus der Bahn gebracht. Gott sollte zeigen, dass es ihn gab, dann würde Adrian ihn entsprechend dafür belohnen. Ein fairer Deal, fand Adrian, der den Rest des Spieles damit zubrachte, warme Limonade zu trinken und im Geiste Interviews im Fernsehen zu geben. Adrian Pfeffer, live aus dem Mannschaftsquartier der deutschen Fußballnationalelf.

Oder: Adrian Pfeffer, wie er Straßenkindern in Brasilien Fußbälle schenkt, die von einem koreanischen Autohersteller mit dessen Logo bedruckt wurden. Adrian war in seinen Träumen nicht nur auf dem Spielfeld von einer geradezu unheimlichen Integrität, sondern, ist doch klar, auch als Privatmann.

Diese sehnsüchtigen und immer leicht kitschigen Filme verfolgten Adrian bei jedem Training und in jedem Spiel. Besser wurde er indes nicht davon, rauschhafte Torszenen spielten sich nur in seiner Phantasie ab oder bei seinen begabteren Mitspielern. Aber nicht nur tagsüber erschienen ihm Wunderdinge, sondern auch abends im Bett.

Eines Nachts träumte er davon, das Endspiel der Champions League zu gewinnen. In der 89. Minute erzielte Adrian Pfeffer, der sich im eigenen Strafraum den Ball geschnappt und über das ganze Feld getrieben hatte, mit einem Kunstschuss aus 22 Metern das entscheidende Tor. Unbeschreiblicher Jubel, Adrian dankte auf Knien dem Schöpfer für seine göttliche Gabe, auf der Stehtribüne huldigten die einfachen Leute ihrem Adrian. Nebelkerzen und andere Feuerwerkskörper leuchteten rot, der Qualm zog durch das ganze Stadion, sodass fast nichts mehr zu sehen war. Plötzlich verwandelte sich der Rauch, verformte sich zu einer riesigen rosa Quellwolke, und bald war es Adrian, als entstünde daraus ein Bild. Das Stadion verschwand dahinter, und die Leinwand in Adrians Traumkino war erfüllt von einem rauschebärtigen Gesicht, das ihn eindringlich ansah.

«Hallo, Adrian», sagte das Gesicht mit ruhiger und würdevoller Stimme.

«Wer bist du?», fragte Adrian ängstlich.

«Ich bin der Fußballgott.»

«Es gibt einen Fußballgott?»

«Jawoll.»

«Ehrlich?»

«Wenn ich es dir doch sage», sagte der Fußballgott etwas ärgerlich.

«Du bist die Erfüllung meiner geheimsten Wünsche», sagte Adrian demutsvoll und verschwieg die Tatsache, dass er sich eigentlich den richtigen, den großen, den Obergott gewünscht hatte. Aber wenn es denn einen Fußballgott gab, sollte der auch reichen.

«Ich kenne deine Wünsche und muss dir eines sagen: In puncto Ehrgeiz und Talent bist du wirklich die größte Pflaume, die mir je untergekommen ist.»

Das musste Adrian wirklich niemand mehr sagen.

Der Fußballgott fuhr fort:

«Aber was die Impertinenz deiner Träume angeht, bist du tatsächlich einzigartig. Der Größte, den ich je in seinen Träumen beobachtet habe. Einsame Klasse, wirklich.»

Adrian verstand nicht ganz, worauf dieses Gespräch hinauslaufen sollte.

«Also habe ich in Absprache mit den Göttern des Fußballweltverbandes und einigen Wolken pupenden Funktionärsgöttern beschlossen, dir eine Chance zu geben.»

Adrians Herz schlug wie wild. Sein Adrenalinspiegel stieg bis in die Ohren. Er traute sich nicht, auch nur einen Mucks der Freude auszustoßen.

„Hallo Adrian", sagte das Gesicht

«Hör mir zu: Du wirst in jeder Saison so viele Tore schießen, wie es Pflichtspiele gibt. Pro Spiel ein Tor. Falls du mal nicht spielst, werden dir im nächsten Spiel so viele Tore gelingen, wie du Spiele versäumt hast, kapiert?»

«Kapiert, in jeder Saison so viele Tore, wie es Spiele gibt.»

«Aber nur unter einer Bedingung: Du darfst nie, nie, nie mit einer Menschenseele darüber sprechen. Nie darfst du verraten, woher du deine Fähigkeiten hast. Wenn du plauderst, ist es aus, klar?»

«Warum ich, warum nicht jemand anders?»

«Erstens weil ich deine Träume nicht mehr mit ansehen kann. Du kannst dir einfach nicht vorstellen, wie furchtbar es ist, jede Nacht und jeden zweiten Nachmittag deine Spinnereien zu ertragen. Und zweitens hast du bisher auch nicht über deine Träume geredet. Wenn es dabei bleibt, sind wir Partner.»

«Ja, gut, ich schwöre es. Und ich will dich auch immer verehren, und ich werde jeden Sonntag eine kleine Kerze für dich aufstellen.»

«Jaja, geschenkt. Hauptsache, du hältst die Klappe.»

«Danke, danke, danke, lieber Gott.»

«Danke nicht mir, sondern deiner blühenden Phantasie. So, ich muss jetzt wieder los. Wiedersehen.»

Damit verschwand der Fußballgott und hinterließ ein paar unförmige Nebelschwaden, die sich langsam verzogen. Dahinter wurde wieder das Stadion sichtbar, aber die Ränge waren leer, und nur ein paar Papierschnipsel tanzten im Wind.

Am nächsten Tag ging Adrian zum Heimspiel seiner Mannschaft und las auf der Tafel, dass er nicht aufgestellt war. Bis in die achtzigste Minute wartete er, dann trottete er in Richtung Umkleidekabine. Plötzlich hörte er einen Schrei. Der Stürmer seiner Mannschaft lag auf dem Ascheplatz und hielt sich das Sprunggelenk. Missmutig winkte der Trainer Adrian heran und knurrte: «Sieh zu, dass du keinen Schaden anrichtest.»

Adrian wurde eingewechselt. Nach etwa zwei Minuten wusste sich sein Mitspieler zur Linken nicht mehr zu helfen und passte im Moment größter Bedrängnis den Ball zu Adrian. Der nahm die Kugel an, und ohne dass er etwas dafür konnte, setzten sich plötzlich seine Beine in Bewegung. Zwanzig, dreißig Meter lief er über den Platz, umdribbelte dabei kunstvoll, jedoch voller Angst seine Gegner. Ängstlich deshalb, weil er überhaupt keine Ahnung hatte, warum ihm diese Kunststücke gelangen. Es war ihm, als würde er vom Ball über den Platz getragen, als haftete er magnetisch an ihm. Er krönte seinen Sturmlauf mit einem wunderschönen Winkelschuss.

Nach dem Spiel nahm er die Gratulationen seiner Mitspieler wie viele kleine Ritterschläge entgegen. Aber etwas ließ ihm keine Ruhe. Die Leichtigkeit, mit der er dieses Tor erzielt hatte, die schwerelose Grazie, mit der er über den Platz geeilt war, passten einfach nicht zu ihm. Natürlich dachte er sofort an den Traum. Er traute sich kaum, den ungeheuerlichen Gedanken zu wagen: Es hatte funktioniert. Er konnte Fußball spielen, ohne Fußball spielen zu können. Vollkommen unverdient und ohne einen Funken Talent hatte er ein Tor geschossen und damit die Gesamttorausbeute seines Lebens auf die magische Zahl Fünf hochgeschraubt.

Im nächsten Training gelang ihm wie gewohnt gar nichts. Dafür schoss er aber vier Tage später im Spiel gegen den Nachbarort den Siegtreffer. Er nahm dies als Bestätigung seiner These, tatsächlich mit Gott ein Bündnis eingegangen zu sein. Auch in den Wochen danach traf Adrian. 89 Minuten dilettierte er vor

Er krönte seinen Sturmlauf mit einem wunderschönen Winkelschuß

sich hin, um dann in von ihm selbst nicht beeinflussbaren Momenten mit dem Ball aufs gegnerische Tor zuzurasen und einzuschieben, -zuköpfen, -zudribbeln, -zuspitzeln oder -zuhämmern. Seinem Trainer und auch seinen Mannschaftskollegen kam der plötzliche Ruck, der durch Adrian ging, zwar ausgesprochen sonderbar vor, aber sie waren froh, dass es überhaupt jemanden in dieser mittelmäßigen Truppe gab, der Tore schoss.

Dies geschah in der Tat ausschließlich in Punktspielen, sonst traf Adrian, der nun öfter von seinen erwartungsfrohen Kumpels angespielt wurde als früher, allenfalls Bäume oder herumstehende Väter, die dem Training beiwohnten.

Am Ende der Saison hatte Adrian genau 38 Tore

Sonst traf Adrian allenfalls herumstehende Väter

geschossen, denn so viele Spieltage gab es in der Kreisliga D. Adrian freute sich auf den Herbst. Er konnte den Beginn der neuen Saison kaum abwarten und schlug gleich im ersten Match in gewohnter Manier zu. Nach einem Eckball der gegnerischen Mannschaft sprang er aus dem Stand einen Meter hoch, stoppte den Ball mit der Brust, legte ihn sich vor den rechten Fuß und raste über den Platz. Wie um den Gegner zu demoralisieren, machte er einige Schlenker, hielt kurz im Mittelkreis, um ein paar Kunststückchen zu vollführen, stürmte dann vors Tor, spielte den Torwart aus und erzielte in einem weiteren vollkommen überflüssigen Kabinettstückchen ein Hackentricktor, das den Schiedsrichter bewog, ihm wegen Unsportlichkeit die gelbe Karte zu zeigen.

Adrians ungeheuerliche Fertigkeiten erzeugten bald Neid in der Mannschaft und auch bei den gegnerischen Vereinen. Es verging kein Spiel, in dem er nicht gerempelt, brutal gefoult oder sogar angespuckt wurde. Einmal flogen nacheinander sechs Spieler vom Platz, die ihn aufs Übelste getreten hatten. Das Spiel musste schließlich abgebrochen werden, aber vorher schoss Adrian noch sein Tor.

Wenn er nicht gerade seinen Augenblick genoss, war er eine leichte Beute für die gegnerische Abwehr, weil er den Ball nicht richtig annehmen konnte und auch nicht in der Lage war, seine Teamkollegen vernünftig anzuspielen. Es machte wirklich keinen Spaß, Adrian zuzuschauen. Außer in den glücklichen kurzen Momenten, wo sein vermeintlich geniales Talent zum Vorschein kam und er alle anderen zu Statisten machte in seiner göttergleichen, wenn auch leider kurzen Galavorstellung.

Bald verlegte er sich darauf, auf den magischen Impuls in seinem Körper zu warten. Er verausgabte sich nicht weiter, auch aus Angst vor Verletzungen und Fouls. Er strich planlos auf dem Platz herum und harrte dem Befehl, der von seinen Lenden ausgehend seine Beine in Bewegung setzte und ihn zielsicher vor das gegnerische Tor führte.

Zwei Jahre ging das so, und am Ende jeder Saison hatte er tatsächlich in allen Pflichtspielen getroffen, auch im Pokal, und war zu einem Garanten für den sukzessiven Aufstieg des Vereins geworden. In der Lokalpresse war er längst ein kleiner Star, zu seinen

Der Talentsucher nannte Adrian ein schlampiges Genie.

Spielen kamen immer mehr Zuschauer, die mit Adrian auf dessen geniale Eingebungen warteten und diese mit viel Applaus belohnten.

Der merkwürdige Wunderstürmer Adrian Pfeffer und dessen ungewöhnliche Art, Tore zu schießen, blieb auch dem Talentsucher aus einer größeren Stadt nicht verborgen, der schließlich eines Tages im Sommer bei Erdbeerkuchen und Kaffee auf dem Balkon von Adrians Eltern saß und ihm einen Vertrag anbot. Mit seinen Fähigkeiten könne man doch arbeiten, sagte der. Er nannte Adrian ein schlampiges Genie, einen Könner, der nur nachlässig mit seinem einzigartigen Talent umginge, es aber bis in die Nationalelf schaffen könne, bei professioneller Führung. Adrians Vater war derselben

Meinung, und bald darauf spielte Adrian seine erste Saison im Profifußball.

Zunächst saß er allerdings bloß auf der Bank, weil der Trainer, ein international erfahrener Holländer, überhaupt nicht einsah, einer offensichtlich durch Zufall an ein paar Tore gekommenen Flasche die Erstligaehre zu erweisen. Adrians Trainingsleistungen und seine Laktatwerte gaben dem Trainer Recht, und Adrian fügte sich voller Demut und Vorfreude in sein Schicksal. Er wusste, dass sein erster Auftritt umso fulminanter ausfallen würde, je später er stattfände. Acht Spiele lang fror Adrian auf der Bank, bis der große Moment endlich gekommen war. Wieder einmal profitierte er vom Verletzungspech eines Kollegen, und es gab keine Alternative zu ihm, Adrian Pfeffer, weil alle anderen nominellen Ersatzspieler mit einer Fischvergiftung im Krankenhaus lagen. Zwar dachte der Trainer daran, statt Adrian lieber den Ersatztorhüter ins Mittelfeld zu stellen, aber diese Entscheidung wäre zu drastisch gewesen, um sie gegenüber Präsidium und Öffentlichkeit zu rechtfertigen.

Dieses Spiel, das erste seiner Profikarriere, markierte einen Wendepunkt in Adrians Leben und in der Geschichte des deutschen Fußballs. In nur einer Halbzeit, genauer gesagt in 39 Spielminuten, schoss der erst achtzehnjährige Jungprofi Adrian Pfeffer sage und schreibe neun Tore. Es waren genau die acht Tore, die er in den ersten Spielen nicht hatte schießen können, sowie das eine Tor, das ihm nach seinem Pakt mit dem Fußballgott pro Spiel zustand. Tor Nummer eins und zwei waren Fernschüsse von atemberaubender Härte. Nummer drei war ein Kopfballtor, Nummer vier und fünf folgten keinen bis dahin bekannten Regeln der Körperbeherrschung, Nummer sechs war ein direkt verwandelter Eckball, Nummer sieben ein Freistoß, Nummer acht ein Dribbling um sämtliche auf dem Spielfeld befindlichen Personen einschließlich Schiedsrichter, und Nummer neun ergab sich als Fallrückzieher Sekunden vor dem Abpfiff.

Das Präsidium entließ noch vor der Pressekonferenz den international erfahrenen holländischen Trainer, der die Genialität seines Stürmers Pfeffer nicht bemerkt hatte und also unfähig war.

An diesem Abend trat Adrian zum ersten Mal im Fernsehen auf und stellte sich den Fragen eines juvenilen Moderators, der ihn ankündigte wie den Messias. Adrian stolperte aus den Kulissen und setzte sich in einen unbequemen Sessel. Der Moderator begann das Gespräch: «Neun Tore in 39 Minuten! Und das von einem Spieler, den bis heute Nachmittag eigentlich niemand kannte. Adrian, stell dich doch mal vor. Wer bist du?»

«Ja, eben der Adrian Pfeffer, ich bin achtzehn und äh ...»

«Du wohnst noch bei deinen Eltern?»

«Bei meinen Eltern, ja.»

«Und was sagen die zu deinem märchenhaften Erfolg heute?»

«Die finden das gut. Das heißt, ich habe noch gar nicht mit denen gesprochen. Da war so viel los heute, ich hab die noch nicht ...»

«Nicht anrufen können. Klar. Was uns alle hier jetzt natürlich am meisten interessiert, ist, wie machst du das?»

«Was?»

Gelächter im Publikum.

«Diese Tore, das sind ja Zuckerstücke, das hat es so ja noch nie gegeben, jedenfalls nicht in Deutschland, nicht wahr?»

«Ich weiß auch nicht. Ich krieg den Ball, und dann mach ich ihn rein, oder ich mach ihn nicht rein. Ich meine, so ist das im Leben immer, mal klappt's und mal nicht.»

Applaus.

Der Moderator klopfte Adrian auf die Schulter. Dann sagte er: «Wir haben dich heute beim Spiel beobachtet und ein paar Zeitlupenstudien vorbereitet, die wir gerne einmal zeigen würden.»

«Okay.»

Dann kam ein Film, in dem vier der Tore aus dem Match zu sehen waren, ganz langsam. Adrian war selber ganz entzückt von der gazellenhaften Eleganz, mit der er den Ball streichelte und ohne jeden Körperkontakt seine Gegner aussteigen ließ. Bloß sein Gesichtsausdruck passte überhaupt nicht zum Rest seines Körpers. Adrian sah nicht etwa konzentriert oder angestrengt beim Spielen aus, sondern maßlos entsetzt, völlig panisch. Auch das führte zu

Lachern im Publikum, und der Moderator fragte, als der Film vorbei war: «Adrian, so sieht das also aus. Aber gestatte mir eine Frage: Du siehst nicht wirklich glücklich aus beim Spielen, man hat eigentlich nicht den Eindruck, dass dir das auf dem Platz wirklich Spaß machen würde.»

«Doch, natürlich. Ich bin jetzt auch ein bisschen verwundert...»

Lacher.

«... aber ich kann ja nichts dafür, wie ich gucke. Ich gucke halt so.»

«Und von uns aus kannst du natürlich gucken, wie du willst, solange du weiterhin deine Tore schießt.»

Applaus.

Der Moderator beugte sich kumpelhaft zu Adrian vor und sagte: «Wir haben noch einen kleinen Film, und vielleicht kannst du uns mal sagen, was wir da sehen.»

Der Film zeigte den Moment, in dem Adrian zum ersten Mal angespielt wurde. Er versuchte, seinen Körper vom Ball wegzudrehen und dem Pass auszuweichen, bekam ihn aber an den linken Fuß, von wo der Ball zum Gegner sprang. Den Adrian im Film schien dies richtig gehend zu erleichtern.

«Ja, da komme ich rein und werde zum ersten Mal angespielt. Ja. Ballverlust, würde ich sagen.»

Lacher, Applaus.

«Haha, das Spiel in der Defensive ist wohl nicht so deins.»

«Ich bin zum Toreschießen da. Ich komm auf den Platz, mache mein Tor, und gut ist.»

Großer Lacher, viel Applaus.

Adrian spürte, dass er die richtigen Worte fand, er wurde sicherer, und sein Auftritt begann ihm selber zu gefallen. Er lächelte selbstvergessen. Der Moderator wechselte zum Glück das Thema.

«Dein Trainer ist heute nach dem Spiel entlassen worden.»

«Habe ich gehört. Das tut mir Leid. Ich meine, er konnte ja nicht wissen, dass das passiert. Ich meine, ich wusste das, aber er ja nicht.»

«Was heißt, du wusstest das? Du wusstest, dass du heute neun Tore schießen würdest?»

Einzelne Lacher, gespannte Erwartung.

Adrian wurde auf einmal heiß. Er war drauf und dran, sich zu verquatschen. Er holte tief Luft, um Zeit zu gewinnen. Dann sagte er: «Ich meine, ich hatte das schon im Urin. Ich bin Stürmer, und Stürmer schießen halt Tore. Also wusste ich das.»

Lacher, Applaus.

«Gut», rief der Moderator. «Dann ist es gut, dass wir das jetzt auch wissen. Ich bin ganz sicher, der Bundestrainer hat das Spiel heute gesehen. Hat er sich schon bei dir gemeldet?»

«Nee, das hat ja Zeit, ich meine, jetzt muss ich meine Leistung erst mal stabilisieren, und dann sehen wir weiter.»

Großer Applaus.

Adrian sorgte auch danach noch einmal für

wohlwollendes Gelächter, weil er es fertig brachte, den Moderator, zwei Scheinwerfer und eine prominente Leichtathletin zu treffen, nicht aber ein einziges Mal die Torwand, geschweige denn eins der Löcher darin.

Die Nation kannte in der kommenden Woche nur ein Thema und gierte nach einer Fortsetzung der unglaublichen Erfolgsstory. Zwar gelang Adrian am nächsten Spieltag nur ein Tor, aber das tat seiner Popularität keinen Abbruch, zumal er in seiner Bescheidenheit immer wieder seinem neuen Trainer und der ganzen Mannschaft dankte, die ihn so tatkräftig unterstützten. Nur einige Kritiker der Tagespresse merkten an, dass seine Ballführung mitunter katastrophal sei, verbuchten dies aber als ungewöhnliche Grandezza, die ein Genie eben auszeichne.

Innerhalb weniger Wochen war Adrian ein Star. Jeder Spieltag ein Tor, egal, wie gut oder schlecht der Rest der Mannschaft spielte, egal, welchen Eisenfuß der gegnerische Trainer gegen ihn aufstellte. Auf dem Platz wurde Adrian allmählich sicherer, die Beobachtung durch eine Vielzahl von Kameras regte ihn nicht mehr auf. Wenn er spürte, dass er drauf und dran war, ein Tor zu schießen, setzte er ein Grinsen auf, das er zu Hause vor dem Spiegel übte, damit es nicht arrogant oder selbstverliebt über den Sender kam.

Adrian lächelte in Jugendzeitschriften, er lächelte

bei Interviews, er lächelte von Postern, Kaffeetassen, Autogrammkarten und T-Shirts. Bald warb er mit seinem Siegerlächeln für Mundwasser und Deo, eine Bank, einen Autohersteller und eine Kaffeefirma. Sein Trainer stellte ihn vom Training frei, weil er dort erstens nur den Betrieb aufhielt und zweitens ständig neue Werbespots drehen und Autogrammstunden absolvieren musste. Adrian achtete peinlich genau darauf, bei seinen Auftritten nicht mit Fußbällen in Kontakt zu kommen. Das Ansinnen, ein paar Kabinettstückchen vorzuführen, lehnte er jedes Mal mit der Begründung ab, er müsse so viel Fußball spielen, und es gäbe ja noch andere Dinge im Leben. Diese grenzenlose Bescheidenheit machte ihn nur noch beliebter.

Sein erster Auftritt in der Nationalmannschaft ließ nicht lange auf sich warten und damit auch das erste Tor in einem Qualifikationsspiel gegen eine Auswahl aus Skandinavien, deren Keeper er mit einem Distanzschuss von sagenhaften 187 Stundenkilometern düpierte. In Freundschaftsspielen hingegen riss er niemanden zu Begeisterungsstürmen hin. Meistens simulierte er nach wenigen Minuten eine Muskelzerrung und ließ sich auswechseln.

Nicht nur die Medien, auch die Mädchen rissen sich um Adrian, der in seiner zweiten Saison als Profifußballer sein Einkommen annähernd verzwanzigfacht hatte. Natürlich zog er bei seinen Eltern aus und in ein von einem dänischen Innenarchitekten recht scheußlich möbliertes Haus.

Adrian lächelte von Kaffeetassen und T-Shirts

Die folgenden zwei Jahre waren herrlich. Adrian führte das privilegierte Leben eines Jet Setters. Er spendete aber auch einiges, gründete eine Stiftung und überreichte Kindern in brasilianischen Favelas neue Bälle und Trikots, die ein namhafter Autohersteller gestiftet hatte. Er führte ein sorgenfreies Leben mit wechselnden Partnerinnen, die entweder aus der Film- oder der Modelbranche kamen und ihn zu einem beliebten Objekt der Boulevardpresse machten, was ihn nicht sonderlich störte. Er lächelte einfach sein Lächeln und genoss sein Dasein in vollen Zügen. Er rauchte auch gerne Zigarren während der Mannschaftsbesprechung und gönnte sich dann und wann sogar im Trainingslager ein gutes Fläschchen Rotwein.

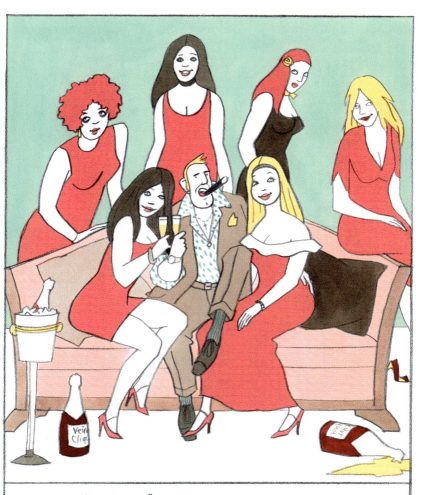

Adrian führte das privilegierte
Leben eines Jet Setters

Dennoch hatte man ihn richtig gerne, weil er ein freundlicher Kerl war und weiterhin in jedem Spiel traf. Wenn er einmal grippegeschwächt für zwei Wochen aussetzen musste, schoss er dafür beim nächsten Spiel direkt drei Tore. Seine sportliche Unsterblichkeit stets vor Augen setzte er sich manchmal in den Mittelkreis und meditierte während des Spiels, bis ihn seine Füße zum Triumph trugen. Natürlich wurde er in jeder Saison Torschützenkönig.

Dann wechselte er für die höchste Summe, die je einem Sportler gezahlt wurde, den Verein und zog in eine südeuropäische Hauptstadt. Auch hier lief alles bestens. Zwar lernte er die Sprache seiner neuen Heimat nicht, weil er einfach Wichtigeres zu tun hatte, aber auf dem Platz lieferte er jeweils für zehn bis fünfzig Sekunden den Beweis seiner Unsterblichkeit. Sein neuer Trainer, ein international erfahrener Italiener, ließ ihn allerdings nur in den letzten drei Minuten auf den Platz, um sich Adrians Gegurke und seine Mätzchen nicht ansehen zu müssen. Diese unglückliche Phase in Adrians Karriere dauerte nur wenige Wochen, dann wurde der international erfahrene Italiener rausgeschmissen. Die Leute wollten Adrian auf dem Spielfeld sehen, sie wollten ihn feiern, selbst wenn ihm nichts gelang und er nur dumm herumstand. Sie wollten mit ihm auf den magischen Moment warten, wenn er wie auf einen geheimen Befehl hin plötzlich dem Fallbeil Gottes gleich seinen Auftrag erfüllte.

Gelegentlich rief Adrian den Fußballgott, um ihm zu danken. Dann saß er zu Hause an seinem Pool und wünschte sich, dass sein Gönner noch einmal zu ihm spräche. Aber der Fußballgott erschien nie wieder. Das machte Adrian Angst, Albträume quälten ihn. Nachts wälzte er sich hin und her und erwachte schweißnass aus fiebrigen Träumen, in denen er seine wunderbare Kraft verloren hatte und vom Publikum ausgelacht wurde, genau wie in seiner Jugend, wo man ihn verhöhnt und gehänselt hatte – den unsportlichen Adrian, die Pflaume, die Pfeife, die Niete auf halbrechts.

In seiner siebten Saison wurde er trotz seines nicht zu übersehenden Übergewichts wiederum Torschützenkönig. Er hatte sich in den letzten zwei

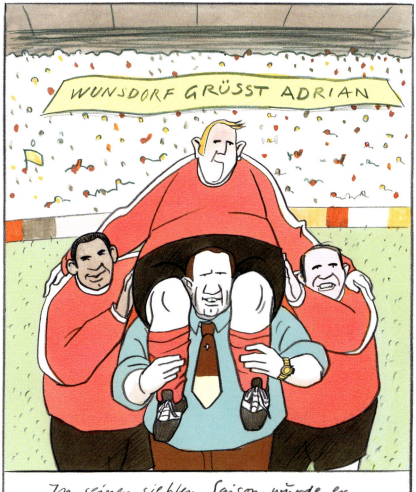

In seiner siebten Saison wurde er trotz Übergewichts wiederum Torschützenkönig

Jahren gehen lassen, denn er liebte das Leben und seine Freunde, und am meisten liebte er Alkohol und Süßigkeiten. Da er dennoch Leistung brachte und zu allen freundlich war, konnte man ihn weder ersetzen noch maßregeln.

Seit Jahren nun stand er auf der Sonnenseite des Lebens. Er hatte alles gewonnen, was es im Fußball zu gewinnen gab: Er war mehrfacher Landesmeister, Pokalsieger, Champions-League-Sieger, Weltpokalsieger, Europameister und Weltmeister. Er war Anführer der ewigen Torjägerliste mit der sagenhaftesten Quote aller Zeiten, und er besaß mehr Geld, als er jemals hätte ausgeben können. Adrian Pfeffer war Ende zwanzig, wog 118 Kilo und langweilte sich. Er dachte sehr ernsthaft darüber nach, seine Fußballkarriere zu beenden und sich der Suche nach dem perfekten Mischungsverhältnis für Tequila Sunrise zu widmen. Fußball sei nicht das Wichtigste auf der Welt, dozierte er in der Presse und versetzte so seine Fans in Angst und Schrecken.

Er ließ sich überhaupt nicht mehr im Verein sehen, sondern kam bloß zu den Spielen und verschwand nach der Arbeit augenblicklich, um ein Restaurant einzuweihen, auf eine Modenschau zu gehen oder zu tun, was Menschen seines Schlages sonst so tun. Er kannte nicht einmal mehr die Namen seiner Mitspieler. Wenn er seinen Vertrag Jahr um Jahr verlängerte, dann tat er das bloß, weil er wirklich nicht wusste, was er sonst mit sich anfangen sollte.

Eines Morgens ging er allein am Meer spazieren. Er suchte nach einer ganz speziellen Muschel, die er seinem Neffen schenken wollte. Den Blick nach unten gerichtet, sah er die Angreifer nicht, die sich ihm von der Seite näherten. Er hatte auch keinerlei fußballerische Instinkte, die ihn hätten warnen können, kein Näschen für Gefahr, und bevor er überhaupt verstand, was geschah, hatte man ihn überwältigt, betäubt und in einen Lieferwagen geschleppt.

Er erwachte, weil sein Kopf heftig gegen den Boden des Wagens schlug, als dieser durch Schlaglöcher rumpelte. Ihm war klar: Man hatte ihn entführt. In den ersten Jahren seiner Karriere hatte man ihn seitens der Vereine gut beschützt, doch weil Adrian so beliebt war und positiv mit seiner Umwelt umging, hatte es nie Anzeichen für ein Kidnapping gegeben, und irgendwann ließ man die Zügel lockerer und vergaß Adrians Personenschutz schließlich ganz. Und nun war es also passiert. Adrian hatte fürchterliche Angst.

Man brachte ihn in den Hinterhof einer Wäscherei und von dort mit verbundenen Augen in einen feuchten Keller. Niemand sagte etwas, als sie Adrian das Tuch abnahmen. In einer Ecke des Raumes lag eine neue Matratze. Einer der Entführer zeigte auf die Bettstatt, und Adrian setzte sich brav darauf. Die Entführer verlangten eine zweistellige Millionensumme für die Herausgabe des mehrfachen Weltfußballers Adrian Pfeffer. Aber niemand, von den

Bossen des Vereins abgesehen, erfuhr davon. Der Verein war nämlich pleite, an der Verpflichtung von Adrian Pfeffer finanziell zugrunde gegangen und fast so hoch verschuldet wie ein kleines Land in Afrika. Der Verein ignorierte also das Schreiben der Entführer und gab stattdessen eine Pressemitteilung heraus, der zufolge Adrian wegen seines Übergewichtes eine Kur an einem geheimen Ort absolvierte.

Das war auch gar nicht von der Hand zu weisen, denn erstens war Adrian durchaus an einem geheimen Ort, und zweitens verlor er Pfund um Pfund und Kilo für Kilo, weil die Entführer ihn nicht gerade mit Essen verwöhnten. Dafür spielten sie mit ihrem Gefangenen Fußball, sie versuchten es jeden-

Die Entführer, ein Haufen Kleinkrimineller

falls. Aber er war zu keinem Zauberkunststück in der Lage, und als sie ihm drohten, ihn zu vermöbeln, wenn er nicht richtig spielte, flehte er sie an, einen ordentlichen Verein zu gründen und in den offiziellen Spielbetrieb irgendeiner Liga einzutreten.

Natürlich waren die Entführer, ein Haufen Kleinkrimineller, die Adrian schon deshalb gekidnappt hatten, weil sie Anhänger des Lokalrivalen waren, sehr ungehalten, weil der Verein nicht zahlte. Sie schrieben weitere Briefe und drohten, an die Öffentlichkeit zu gehen. Der Verein ließ daraufhin verlautbaren, dass es Adrian gut gehe und er bereits zwölf Kilo verloren habe. Sie veröffentlichten dazu eine Fotomontage, die Adrian auf einem Bild von vor vier Jahren mit einem aktuellen Trikot zeigte. Ein daraufhin an mehrere Zeitungen verschicktes Bekennerschreiben der Entführer, das schon orthographisch eher dürftigen Zuschnitts war und die Adressaten eher belustigte als alarmierte, wurde von den Redaktionen nicht für bare Münze genommen und erst recht nicht veröffentlicht.

Adrian saß unglücklich in seinem Verlies und wunderte sich, dass niemand sein Lösegeld bezahlte, dass ihn offenbar niemand suchte, dass er nun schon seit sechs Monaten vergeblich auf Hilfe wartete. Auch die Entführer wurden zunehmend ärgerlich. Der Verein nahm die Entführerbande wohl nicht recht ernst. Sie schrieb weiterhin Briefe, die irgendwann von der Clubführung nicht einmal mehr geöffnet wurden.

Die Entführer waren von diesem Resultat ihrer Anstrengungen derart beleidigt, dass sie drohten, Adrian einen Fuß zu amputieren, ihn quasi wertlos für den Verein zu machen. Auch das half nichts. Der Brief wanderte ungeöffnet in den Papierkorb. Und so verlor Adrian Pfeffer, der Linksaußen der deutschen Nationalmannschaft, mit knapp dreißig Jahren seinen rechten Fuß. Der wurde dem Verein in einem blutigen Paket zugeschickt, als Rache für die entgangenen Millionen und aus Enttäuschung über die offensichtlich kleinbürgerlichen Finanzverhältnisse des Spitzenclubs.

Die Entführer schickten auch ein Foto des Fußes an eine Zeitung. Das Bild ging um die Welt, und endlich erhielt die Entführung von Adrian Pfeffer die Aufmerksamkeit, die sie nach Adrians Meinung von Anfang an verdient gehabt hätte. Der Wirbel war den Entführern zu viel, der Kerl im Keller eiterte und jammerte den ganzen Tag, und so entschlossen sich die Kidnapper, ihre Geisel freizulassen. Einfach so. Ohne Lösegeld. Nach sieben Monaten, die Wunde war wegen der unfachmännischen medizinischen Versorgung durch die Gangster entzündet und der Unterschenkel furchtbar geschwollen, ließen die Entführer Adrian endlich laufen – wenn man sein Gehumpel noch Laufen nennen konnte.

Sie brachten ihn einfach ans Meer zurück, ungefähr an die Stelle, wo sie ihn eingefangen hatten. Adrian hatte knapp 25 Kilo verloren und einen langen Bart gewonnen. Er sah mehr wie ein Schiffbrüchiger aus, als Fischer ihn zufällig reglos im Sand fanden. Bevor er das Bewusstsein verloren hatte, entdeckte er noch eine Muschel, wie er sie vor Monaten gesucht hatte. Seine Hand umschloss sie, dann machte jemand das Licht aus, und er schlief zwei Wochen lang. Als er aufwachte, lag die Muschel auf seinem Nachttisch. Er war im Krankenhaus, überall Blumen und Geschenke. Den Bart hatte man ihm abgenommen und, wie er schnell feststellte, auch den rechten Unterschenkel, denn der war nicht mehr zu retten gewesen.

Adrian sah mehr wie ein Schiffbrüchiger aus

Die Gefangenschaft hatte Adrian verändert. Er hatte keine Lust mehr, Fußballspieler zu sein. Lieber hätte er eine Wäscherei eröffnet, denn der Geruch von Waschmittel und Stärke, der immer durch sein Gefängnis geweht war, hatte ihm schon gefallen. Zudem empfand er seine Entführung als eine Art Strafe für seinen liederlichen Lebenswandel. Er war im Prinzip leistungslos reich und berühmt geworden. Es war sehr anstrengend gewesen, für Jahre das Leben eines Menschen zu führen, der er nicht war. Und ironischerweise hatte er am Ende dafür auch noch mit dem Verlust des Körperteils bezahlt, das am allerwenigsten schuld an diesem großen Betrug war, weil es Adrian am allerwenigsten gehorchte. Noch vor drei Jahren hatte ihn die

Vorstellung amüsiert, mit achtzig Jahren immer noch in der Bundesliga zu spielen, aber das hatte sich geändert. Adrian war unendlich erschöpft, und es war ihm danach, in einem großen Finale von der Bühne zu verschwinden, mit einem Mal auszuglühen und zu verwehen.

Natürlich gab Adrian noch im Rehazentrum viele Interviews und erzählte ausgiebig von seiner Entführung. Er ließ sich beim Aufbautraining filmen, sein rechtes Bein zierte eine schicke grüne Prothese, in der mehrere Materialien aus der Weltraumforschung verarbeitet worden waren. Sein Verein, der nicht hatte zahlen wollen und können für den großen Adrian Pfeffer, bot ihm eine lebenslange Rente an, doch er winkte ab: Er wollte spielen. Dieses Ansinnen verursachte überall große Bewunderung, aber der Verein lehnte es ab, ihn aufzustellen. Er solle seine Würde behalten und privatisieren, schlug man ihm vor. Doch er bestand auf einem Spiel.

Wütend ging er ins Fernsehen und nannte seinen Club einen betrügerischen Haufen und den Präsidenten eine Sau. Seine sprichwörtlich gewordene Höflichkeit fiel von ihm ab. Er wollte sein Spiel, einen würdigen Abschluss seiner Karriere, und er verbat sich die Diskriminierung von Behinderten. Das zog am Ende, und nach einer langen Debatte, in die sich sämtliche Zeitungen und Fernsehsender des Landes einmischten, lenkte der Club ein, zumal er – wenn auch uneingestanden – die Schuld am Verlust von Adrians rechtem Bein trug.

Es war das letzte Spiel der Rückrunde, einer verkorksten Saison, in der man ohne Adrians Tore nur auf den fünften Platz gekommen war. Im Grunde war es ein bedeutungsloses Match, aber es wurde live in über hundert Länder übertragen, weil Adrian Pfeffer mit seinem künstlichen Bein mitspielte.

In der Kabine klopften ihm alle auf die Schulter und sahen besorgt zu, wie er seine Prothese in die Fußballschuhe zwängte und die Schnürriemen langsam zuknotete. Alle waren traurig, alle außer Adrian. Bevor das Spiel angepfiffen wurde, sang eine dicke Frau extra für ihn die Nationalhymne, dann erhielt Adrian vom Staatspräsidenten eine Medaille, und alle Spieler, auch die der gegnerischen Mannschaft, schüttelten ihm die Hand. Was dann folgte, war nicht nur das torreichste Spiel in der Geschichte der Liga, sondern auch das mit Abstand seltsamste.

Adrian Pfeffer, der Stürmer mit dem Holzbein, schoss sagenhafte 34 Tore in neunzig Minuten. Mit ruckartigen, kaum zu beschreibenden Bewegungen stieb er über den Platz, und spätestens alle drei Minuten krachte es im Tor des Gegners. Aus nahezu jeder Ballberührung Adrians entstand ein herrliches Tor. Fünfzig-Meter-Treffer, direkt verwandelte Freistöße, Kopfbälle, Seitfallzieher, Dribblings. Adrian spielte mit sich selber Doppelpass, er spielte achtfache und beidfüßige Übersteiger, er zirkelte, er zauberte und er zitterte am ganzen Körper, der bald auseinander zu fallen drohte. Adrian spürte ein nicht enden wollendes Gefühl von Glück und Schmerz. Einige Zuschauer fielen vor Begeisterung in Ohnmacht, eine österreichische Fernsehzuschauerin erlitt eine Sturzgeburt, und ein Bauer aus Cornwall wurde reich, weil er stark angetrunken beim Wetten auf ein zweistelliges Ergebnis gesetzt hatte. Das vom frenetischen Gebrüll der Zuschauer begleitete Spiel endete 33:1. Der eine Gegentreffer war Adrian in einem Moment der Orientierungslosigkeit als Eigentor unterlaufen.

Nach dem Spiel humpelte Adrian in die Kabine und verschloss die Tür. Die Menschen klopften, riefen und rüttelten an der Tür, doch Adrian ließ sie nicht hinein.

Der linke Fußballschuh drückte gegen seinen kleinen Zeh, der Spann schmerzte, die Ferse war gerötet, und unter seiner linken Fußsohle wölbte sich eine Blase, groß wie eine Euromünze. Adrian zog die Schuhe aus und warf sie auf den Boden. Dann drehte sein Körper alle Regler nach links. Adrian bekam einen Herzschlag und starb. Die Reporter, die schließlich die Tür aufbrachen, sagten übereinstimmend aus, er habe im Tod gelächelt.

Die letzten 34 Tore
von Adrian Pfeffer

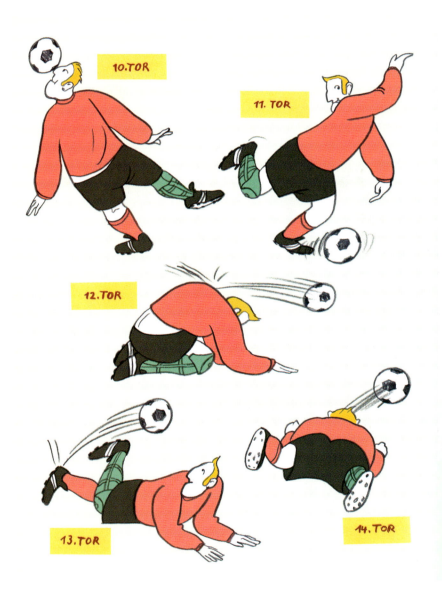